北

↑名阪国道

● 山の辺小学校
● 教祖御墓地

● 医療大学
● 憩の家(新入院棟)
● 憩の家(外来診療棟) ● 青年会本部

38母屋

● 天理教校
　学園高校

北　大　路

P　　P　　　　　　　P　P

● 理警察署
　　　　P
● 憩の家(本館)　● 記念建物　　東　修養科　　● 婦人会本部
　　　　　　　天理教教会本部　筋　　　　東
　　　　　　　　　　　　　　　別席場　循
大　路　　　　　　　　　　　　　　　　環
　　　　　　　　　　　　　　　● 天理教校　道
　〒天理郵便局　おやさと書　　　　　　　　路
　　　　　店三島店　● 南支所　● 保安室　P
理本通り(アーケード商店街)
BOOKS道友　● ギャラリー　● 天理プール　● 天理幼稚園
　　おやさと　　　　南門
　　　　　　お茶所　　　　P　P　　　　　　布留川
親　里　大　路　　　　　　　　　　　　　　
　　　　　　● 海外部　教庁● 天理小学校
● 天理市庁　● 南右第二棟　● 天理大学　　　石上神宮
　　　　　　　　　天理参考館
南　大　路　　　　天理大学
　　　　　　　　　杣之内体育館
　　　　　● 天理教　天　　　　　● 天理図書館　　　　天理トンネル➡
　　　　　語学院　理
国　　　　　　　　高　ふるさと
道　　　　　　　校　会館
1　　　　　　　● 西山古墳
6
9
号
線　　　　　● 天理中学校

国道25号線
　　　　　　　　　　　　　　　　　親里ラグビー場
　　　　　　　　　　　　　　　　　親里野球場
↓桜井
　　　　　　　　　　　　　　親里ホッケー場

「ようこそ
おかえり」の町

天理

歴史と信仰が息づく
人類のふるさと・親里

道友社

悠久の時の流れを今に残す
大和の古地

天理の最高峰・龍王山(りゅうおうざん)から奈良盆地を望む

　近畿の中央に位置する、四方を山に囲まれた奈良盆地。古人(いにしえびと)が「国の真秀(まほ)ろば」と歌に詠んだ大和(やまと)の地は、数多くの歴史の跡を残すところ。時代の移り変わりとともに、家が建ち並び道路は舗装されて、街の様子は一変したものの、少し郊外に出れば、まだまだ古代の風景に巡り会える場所だ。

日本最古の道
その向こうに人々の賑わいが聞こえる

QRコード

青垣の山々を眺めながら、神話と伝説の世界に浸れる「山の辺の道」。現在はハイキングコースとして整備されている

　東の青垣山のふもとを縫うように走る「山の辺の道」もその一つ。休日ともなると、たくさんの人々が訪れる。日本最古といわれるこの道は、奈良から桜井までの、約30キロを結ぶ古道。路傍の歌碑や四季折々の美しい風景が時の流れをゆるやかにし、人々を万葉の世界へと誘う。

奈良盆地の東端に聖地「ぢば」がある

　山の辺の道の中ほどに、ゆるやかに時が流れているところがもう一つある。「親里(おやさと)」と呼び習わされている町だ。街の中央には木造の神殿がどっしりと座り、その周りに、鉄筋ビルに甍(いらか)を頂いた建物が建ち並ぶ。通りを行き交う人々の多くは黒いハッピを身

にまとい、表情は穏やかで明るい。
　ここは天理教信仰の中心地。この地を魂の故郷と慕う人々が、引きもきらずに訪れる。

親里の四季

四季折々の美しい光景に出合える親里では、親なる神様が子供である人間の"里帰り"をお待ちくだされている

春　別席場付近のサクラ

秋　夕暮れに光るススキ

夏　入道雲

冬　東の山の雪化粧

「ようこそおかえり」の町 天理

目次
CONTENTS

目次

CONTENTS

2 グラビア

13 親里

- 14 聖地「ぢば」
  - かんろだい
- 16 神殿・礼拝場
  - 参拝の作法
- 18 教祖殿
- 20 祖霊殿
- 21 回廊
- 22 おやさとやかた
- 24 南右第二棟

25 教え

- 26 陽気ぐらし
- 28 親神・天理王命
- 30 教祖略伝
- 34 「元の理」
- 36 十全の守護
- 38 おつとめ
  - 真柱
  - 教会本部のおつとめ時間
- 42 かしもの・かりもの
- 44 出直し・生まれ替わり
  - 天理教の三原典
- 46 心のほこり
- 48 ひのきしん
- 50 にをいがけ
- 52 をびや許し
- 53 おまもり
  - をびや許し・おまもりを頂くには
- 54 おさづけ
- 55 別席
- 56 海外へ広がる道

目次

57 親里の1年

- 58 元旦祭
- 58 春季大祭
- 59 お節会
- 60 学生生徒修養会・大学の部
- 61 春の学生おぢばがえり
- 62 教祖誕生祭
- 63 天理教婦人会総会
- 64 全教一斉ひのきしんデー
- 66 こどもおぢばがえり
- 68 学生生徒修養会・高校の部
- 69 全教一斉にをいがけデー
- 70 秋季大祭
- 71 天理教青年会総会
- 72 月次祭

73 教育・文化

- 74 学園都市・天理
  - 天理教校／天理教校学園高校
  - 天理幼稚園／天理小学校
  - 天理中学校／天理高校
  - 天理大学／天理医療大学
  - 天理教語学院（TLI）
- 80 天理図書館
- 82 天理参考館
- 84 天理よろづ相談所「憩の家」
- 86 天理スポーツ
- 88 音楽

89 天理市今昔ものがたり

- 90 第1話 邪馬台国・卑弥呼の遺物が出土⁉
- 94 第2話 「大和王権」始まりの地
- 98 第3話 「物部氏」から「石上氏」へ
- 102 第4話 古代の三本の官道
- 106 第5話 平安〜室町時代の出来事
- 110 第6話 江戸時代
- 114 最終話 近代の歩み

118 さくいん

11

「ようこそおかえり」の町 天理

QRコードについて

本書の中には、QRコード（二次元バーコード）がところどころに表示されています。これをスマートフォンやタブレットなどのカメラ付き端末で読み取ると、関連動画が閲覧できます。

また、巻頭の親里マップと巻末の信者詰所マップのQRコードからは、ウェブ上の地図が表示されます。

カメラ付き端末で
QRコードを読み取る

パソコンをご利用の場合は、以下のURLからウェブサイトへアクセスして、地図と動画をご覧いただけます。

表示されたURLから
動画のページへ

■ウェブサイト
http://www.tenrikyo.or.jp/yoboku/ojibagaeri/map/

＊お使いの端末によっては、QRコードを読み込むための専用「アプリ」をインストールしていただく必要があります。また、端末によっては、アプリに対応していないこともあります。

※「QRコード」は(株)デンソーウェーブの登録商標です。

親里

聖地「ぢば」

親里 ―― 聖地「ぢば」

親なる神のいます
〝人類のふるさと〟

〝ただいまかえりました〟――「ぢば」を囲む礼拝場で
〝里帰り〟の報告をする

〝おかえりなさい〟と迎える町

　日本の古代史の舞台として、多くの遺跡が残る奈良盆地。その東端に、日本で唯一の宗教名を冠した都市「天理」があります。市の中心部、天理教教会本部の神殿周辺の地域は〝親里〟と呼ばれています。

　親里を歩いていると、「ようこそおかえり」と書かれた看板の文字を目にします。家に帰ったわけでもないのに、なぜ「おかえりなさい」なのでしょうか。そのわけは、ここに「ぢば」と呼ばれる聖なる地点があるからです。

　「ぢば」には「かんろだい」と呼ばれる台が据えられ、天理教信仰者の礼拝の対象となっています。教会本部の神殿は、この「ぢば」を中心に建てられています。

　天理教の教祖・中山みき様は、「ぢば」は、親なる神が人間を

造られた元の場所であることを明かされました。つまり、すべての人間のふるさとなのです。ゆえに、天理教の信仰者は、「ぢば」を訪れることを、ふるさとへ帰る意味を込めて、「ぢばへ帰る」、あるいは「おぢば帰りをする」と言い、親里の人々は「おかえりなさい」と迎えるのです。

たすかりの源・ぢば

　天理教では、神と人間の関係は親子であると教えられます。親なる神という意味から、人々は親しみを込めて「親神様」と呼んでいます。神名を「天理王命」と申し上げます。

　親神様に祈りをささげるために、「ぢば」には引きもきらず、多くの人が帰ってきます。病気に苦しむ人、家庭の問題に悩む人、たすけられたお礼に来る人——国内はもとより、遠く海外からも大勢の老若男女が帰ってくるのです。

親里——聖地「ぢば」

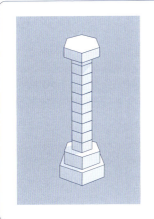

かんろだい

「かんろだい」とは、人間創造の元の地点である「ぢば」の証拠として、その上に据えられている台のこと。六角形をした、大小13の部分を積み重ねて造られています。その姿や、それぞれの部分の形・寸法などは、すべて教祖が詳しく教えられたもので、高さは8尺2寸（約248cm）あります。

親里――神殿・礼拝場

神殿・礼拝場

四方すべてが正面

中央が南礼拝場、左右は東西礼拝場

365日24時間、開かれた祈りの場所

　神殿と礼拝場は、「ぢば」を中心に建てられています。「かんろだい」（→15ページ）が据えられている中央の棟が神殿で、それを取り囲んで東西南北に礼拝場があります。これは、四方正面とのお言葉を形に表したものです。

　ここで毎月、大祭や月次祭の祭典が行われ、ぢばを囲んで「かぐらづとめ」（→38ページ）が勤められます。

　礼拝場は1年365日、24時間開放されており、祈りをささげる人々の姿が絶えることはありません。

親里――神殿・礼拝場

礼拝場で祈る人々

参拝の作法

1、神殿の中心にある「ぢば・かんろだい」に向かって正座する。

2、両手をついて一拝し、4回手を叩き(四拍手)、両手をついて礼拝する。このとき、日々のお礼やお願いごとを述べる。

3、礼拝が終わったら再び四拍手し、両手をついて一拝する。

17

教祖殿

存命の教祖が住まわれる

親里──教祖殿

教祖殿

深夜、教祖殿の前でぬかずく参拝者

親里──教祖殿

日夜、世界たすけにお働きくださる教祖

　親里の午後2時。響きわたるミュージックサイレンとともに、しばし街の動きが止まる光景が見られます。教祖・中山みき様が、この世でのお姿をかくされた、明治20年(1887年)陰暦正月26日午後2時を偲んで、人々は黙祷をささげます。

　教祖・中山みき様のことを、天理教の信仰者は「おやさま」と呼んでお慕いしています。教祖は、天保9年(1838年)10月26日に「月日のやしろ」(→31ページ)となられて以後、およそ50年にわたり人々を陽気ぐらしの道へと教え導かれました。その道すがらは、人間の踏み行うべき手本として「ひながたの道」と呼ばれています。

　教祖は、お姿は見えなくても、いまもなおご存命のまま、世界中の人々をたすけ上げるために日夜お働きくださっているのです。

祖霊殿 — 先人の遺徳を偲ぶ

親里 ── 祖霊殿

祖霊殿は、先人の遺徳を偲ぶところです。

3舎があり、中央に中山家の祖霊が、向かって右につとめ人衆（→38ページ）の祖霊、左に教会長および、ようぼく・信者の祖霊が祀られています。

祖霊殿

神苑内の回廊に囲まれた部分を「中庭」と呼び、しばしば行事会場に使われる。広さは甲子園球場のグラウンドとほぼ同じ

親里——回廊

回廊

通路でもあり修行の場でもある

　東西南北の礼拝場(らいはいじょう)、教祖殿、祖霊殿は、回廊によってつながっています。

　1周およそ800メートル。回廊を歩いていると、木の床を白い布でから拭(ふ)きしている人の姿を目にします。これは、定められた行(ぎょう)ではありません。天理教では、信仰の喜びを表す自発的な行為を「ひのきしん」（→48ページ）と呼び、回廊拭きもその一つなのです。

　長い年月をかけて、多くの人々によって磨き込まれた木の床は、温かな光を放っています。

回廊拭きをする人々

21

親里——おやさとやかた

おやさとやかた
親里に陽気ぐらしの手本を

写真は南棟部分。天理参考館、天理教教庁などに使われている

八町四方に68棟建て巡らす

　親里(おやさと)の街並みで、ひときわ目をひくのが「おやさとやかた」と呼ばれる一連の建物群です。「ぢば」(→14ページ)を囲む8町(ちょう)(約872メートル)四方の線上に、68棟を建て巡らすという壮大な構想のもと、昭和29年(1954年)から建設が進められています。

　「屋敷(おや)の中は、八町四方と成るのやで」という教

親里——おやさとやかた

おやさとやかた完成模型

別席場・修養科などに使われている東棟

祖(さま)のお言葉に基づいており、八町四方の内に、天理教が目指す陽気ぐらし世界の手本となる姿を具現化しようというものです。

　平成27年(2015年)現在、東西南北に28棟が建ち並んでおり、教義研究、信者修養、病院、教育施設などに使われています。

23

南右第二棟 — 初めて教えにふれる人へ

親里——南右第二棟

「初めておぢば帰りした人が教えにふれ、学ぶ場」として提供されているのが、おやさとやかた「南右第二棟（なんう）」です。ここでは、ビデオとお話で天理教の教えを分かりやすく紹介する「天理教基礎講座」が行われており、ほかにも「展示」や「映像」などを見ることができます。

大型3面マルチスクリーンのある地下2階映像ホール

24

教え

陽気ぐらし

人間創造の目的

教え —— 陽気ぐらし

神と人が共に楽しむ

　天理教は、「世界中の人間をたすけて陽気ぐらしをさせてやりたい」との思召から始まった、親神・天理王命じきじきの教えです。

　親神様は、この世と人間を造られた「元の神」であり、いまもなお万物を守護されている「実の神」です。

　親神様が人間を創造された目的は、人間が「陽気ぐらし」をするのを見て、神も共に楽しみたいということにありました。「陽気ぐらし」とは、世界中の人間が互いに兄弟姉妹としてたすけ合う、明るい、活気に満ちた、喜びずくめの世の姿をいいます。

心澄まし互いにたすけ合う

「陽気ぐらし」を実現するためには、一人ひとりが自分中心の欲の心を離れ、人をたすける心を養い、たすけ合いの実践に努めることが求められます。そのための手立てとして、教祖は人々に「つとめ」（→38ページ）を教え、「さづけ」（→54ページ）を渡されました。

「つとめ」は、人間創造の元の地点である「ぢば」に据えられる「かんろだい」（→15ページ）を囲み、10人の「つとめ人衆」が「かぐら面」をつけ、九つの鳴物の調べに合わせて陽気に勤められる、天理教の究極の祭儀です。

「さづけ」は、病だすけの手立てで、その理を戴いた人が、病む人の回復を祈念して取り次ぐとき、親神様は願う心の誠を受け取って、不思議なたすけをお見せくださいます。「おさづけの理」を戴いた人を「ようぼく」と呼んでいます。

教えを世界の人々に

天理教では、人間の体は親神様からの借りものであり、心だけが自分のものであると教えられます。その心の使い方次第で、体をはじめとする身の周りの一切が守護されます。この借りものの体を司られる親神様の働きに感謝して、自らの自由になる心を、親神様の思いに沿って使うことが大切なのです。

親神様は、私たち人間が陽気に暮らせるよう日夜お守りくだされています。世界中の人間が親神様を信じ、教祖の教えを守って人生を歩むところに、真の幸福が叶い、やがては真の平和、「陽気ぐらし」世界が実現するのです。

親神・天理王命

人間を造り育てられた親なる神

教え──親神・天理王命

元の神・実の神

　親神・天理王命（おやがみ・てんりおうのみこと）は、この世と人間をお創（はじ）めくだされた〝元の神様〟であり、火水風（ひみずかぜ）をはじめ、人間身の内のぬくみ、水気（すいき）、息一すじに至るまで、この世の一切の守護をなしくださる〝実（じつ）の神様〟です。

　人間を造り育てられた親なる神様であるところから、「親神様」と呼んで敬い親しんでいます。神名（かみな）は「天理王命」と申し上げます。文字通りに解すれば「天の筋道をもって、統（す）べ治める神」という意味です。

　親神様のご守護の全容を、10の守護の理をもっ

て系統立てて教え、それぞれに神名が付けられています。これを「十全の守護」(→36ページ)と呼んでいます。

神と人間は真の親子

　教祖の直筆による原典「おふでさき」(→45ページ)では、親神様は自らの呼び名を「神」「月日」「をや」と変えながら、順序立ててご教示くださっています。

　すなわち、この世と人間を造り、今も変わることなくその一切を守護している「神」であり、天にては、世界を隈なく照らし、ぬくみとうるおいをもって、夜となく昼となく万物を育む「月日」であり、さらには、喜びも悲しみも親身に打ち明け、すがることのできる「親」であることを示されました。

　「をや」という語には、生み出すものという創造神としての性格、守るものという守護神としての性格、一れつ子供をたすけたいという救済神としての性格が含まれているともいわれます。さらに、育てる、導くといった働きも含意されています。

　神と人間は、真の親子であるという点に教えの神髄があります。したがって、人間は互いに実の兄弟姉妹なのです。

教え——親神・天理王命

教え――教祖略伝

教祖略伝

ほんなんでもない女一人からの道

教祖のお立場

教祖・中山みき様は、立教以来50年にわたり、親神様の思召を私たち人間にお伝えくだされたばかりでなく、自ら身をもって、人間の生き方の手本をお示しになりました。その道すがらを「ひながたの道」と呼び、教祖を「ひながたの親」とお慕いしています。

明治20年（1887年）陰暦正月26日、教祖は親神様の思召により現身をおかくしになり、お姿を拝することはできなくなりましたが、それまでと変わることなく世界の救済にお働きくだされています。このご存命のままにお働きくださることを、「教祖存命の理」といいます。

生い立ちと道すがら

教祖は、寛政10年（1798年）4月18日、大和国山辺郡三昧田（現・天理市三昧田町）にお生まれになりました。幼少のころから慈しみ深く、信心深いご性質でした。

13歳で庄屋敷村（現・天理市三島町）の中山家へ嫁がれてからは、嫁として、主婦として申し分のない働きぶりを示されました。それだけでなく、慈悲の心いよいよ篤く、ある時などは米盗人を赦されたばかりか、米を与え、後々を諭され、また、ある時は物乞いの女に衣食を恵むとともに、背中

の赤子に自分の乳房を含ませられるなど、情け深いお振る舞いは、ますますその度を強めました。

月日のやしろ

　天保9年(1838年)10月26日、親神様がみき様の体に入り込まれ、教祖は「月日のやしろ」と定められました。そして、まず「貧に落ち切れ」との親神様の思召のままに、貧しい人々への施しに家財を傾けて、貧のどん底への道を急がれました。

　このような、常人には理解し難いお振る舞いは、親族の反対はもとより、知人、村人の離反、嘲笑を招かずにはいませんでした。

　しかし、その中を、教祖は常に明るく勇んでお過ごしになり、時には食べるに事欠く中も「水を飲めば水の味がする」と子供たちを励ましながらお通りになりました。

　こうした道中を経て、やがて「をびや許し」(→52ページ)をはじめとする不思議なたすけが次々と顕れるにつれて、教祖を「生き神様」と慕い寄る人々が現れ始めました。しかし、これはまた、ねたみや無理解からの弁難・攻撃を呼ぶことになりました。

つとめ場所——元治元年(1864年)、寄り来る信者らの真実によって始まった本教最初の神殿普請。教祖は、竣工後から明治8年(1875年)までをここで過ごされた。明治21年に増築され、現在は記念建物として教祖殿北庭に保存されている

教え——教祖略伝

つとめ完成への道

そうした中で教祖は、「つとめ」(→38ページ) を教えかけられました。

お歌と手振りを教え、つとめの段取りを整えられるとともに、「おふでさき」(→45ページ)をもって、つとめ完成への道筋を示し、世界救済への道の全容と根本の理合いをご教示になりました。

そして、「さづけ」(→54ページ) を渡し、「ぢば」(→14ページ)を定め、「かんろだい」(→15ページ) の建設を促される一方で、つとめの人衆を引き寄せ、仕込み、ひたすら、つとめ完成への道を進められました。

かかるうちに、教えは次第に広まり、教祖を慕ってぢばへと向かう人々は、年ごとにいや増してゆきましたが、同時に迫害・干渉も激しさを加え、教祖にも十数度にわたる警察や監獄への御苦労が降りかかることになりました。

しかしながら、教祖は、常に「ふしから芽が出る」と仰せられ

中南の門屋──明治8年(1875年)完成。教祖は西側の10畳の部屋をお居間とされ、寄り来る人々に親神様の思召を伝えられた

御休息所——明治16年（1883年）完成。教祖はそれまでの中南の門屋からここに移られ、現身おかくしまでお住まいになった

教え——教祖略伝

て、かえっていそいそと獄舎へお出掛けになられたばかりか、いささかも変わることなく、つとめの実行を促されました。

教祖存命の理

　人々はご高齢の教祖を気づかい、官憲の取り締まりを慮って、つとめの実行を逡巡するうち、明治20年1月、教祖の御身に異状が見られるようになりました。一同は大いに驚いて思召を伺うと、神意は一貫して、つとめ実行のお急き込みにありました。

　官憲の圧迫と神意の実行の間で揺れ動く人々を、教祖は繰り返し懇ろに諭し、仕込まれて、2月18日（陰暦正月26日）、一同「命捨てても」の決心のもとに勤められたつとめの終わるころ、御齢90歳で現身をおかくしになりました。

　教祖は、このように50年にわたる「ひながたの道」を残されたばかりでなく、今もなお、ご存命のままお働きくだされ、私たち人間を陽気ぐらしへとお導きくだされています。

教え——「元の理」

人間はどう生きるべきか
「元の理」

人間世界の基本原理示す

「つとめ」(→38ページ) によってなぜたすかるのか、また、なぜつとめをそのように勤めるのかを教えられている話です。「つとめの理話(りばなし)」ともいわれます。

親神様(おやがみさま)の人間創造以来、今も変わらぬ人間世界の成り立ちの基本原理をお示しになった話であり、教えの根幹をなすといってもよい大切なものです。その概略は、次の通りです。

イ、親神様は陽気ぐらしを見て共に楽しみたいと思召して人間を創造された。

ロ、まず夫婦の雛型をこしらえようと、うをとみを引き寄せ、最初に産みおろす子数の年限が経った暁に、神として拝をさせるとの約束のもと、承知をさせて貰い受けられた。

ハ、さらに、六種の道具衆を引き寄せ、承知をさせて貰い受け、食べてその性を見定め、それぞれに応じた役割に使われた。

ニ、泥海中のどぢよを皆食べて、これを人間の種とし、夫婦の雛型に月日が入り込み、元のぢばで、九億九万九千九百九十九人の子数を宿し込まれた。

ホ、最初は五分から生まれ、九十九年ごとに三度の出直し、生まれ替わりを重ね、四寸まで成人して皆、出直した。

ヘ、そののち、虫、鳥、畜類などと八千八度の生まれ替わりを経て、最後にめざるが一匹残った。その胎に男女各五人の人間が宿り、五分から生まれ、だんだんと成人するとともに、海山、天地なども次第に形作られ、五尺になったとき、世界は出来、人間は陸上の生活をするようになった。

ト、この間、九億九万年は水中の住居、六千年は知恵の仕込み、三千九百九十九年は文字の仕込みをもって育てられ、子数の年限を経過した約束の時が「立教の元一日」である。

　元の理の話の中で、人間は何のために、だれによって、いつ、どこで、どのように造られたかが明示されています。こうした元、根本を示して、たすかる道を教えられたところに、天理教の特質があります。

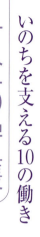

十全の守護

教え──十全の守護

いのちを支える10の働き

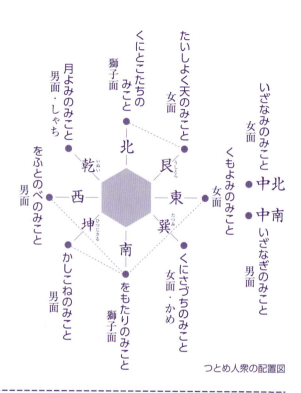

つとめ人衆の配置図

人体と世界にあまねく行き渡る

　親神様(おやがみさま)の広大無辺なご守護を、10の守護の理をもって体系的に説き分け、それぞれに神名(かみな)を配し、分かりやすく、覚えやすいようにお教えくださっています。

　「十柱の神名(とはしら)」と呼ばれることもありますが、決して十柱の神々がおられるという意味ではありません。

　この神名は、人間世界をお創(はじ)めになるに際して、親神様のお心に溶け込んで、一手一つ(いってひと)に働かれた道具衆の働きの理に授けられたものです。

それぞれの神名は、ぢばを囲んで「かぐらづとめ」（→38ページ）を勤める10人のつとめ人衆が対応しています。

　かぐらづとめにおいて向かい合う人衆に相当する守護の理は、互いに対（つい）になっていて、相補的な関係にあります。

　人間身の内の……、世界では……との記述は、まさに人体と世界を貫く理法の体系的な表現です。

くにとこたちのみこと	人間身の内の眼（め）うるおい、 世界では水の守護の理。
をもたりのみこと	人間身の内のぬくみ、 世界では火の守護の理。
くにさづちのみこと	人間身の内の女一（おんないち）の道具、皮つなぎ、 世界では万（よろず）つなぎの守護の理。
月よみのみこと	人間身の内の男一（おとこいち）の道具、骨つっぱり、 世界では万つっぱりの守護の理。
くもよみのみこと	人間身の内の飲み食い出入り、 世界では水気（すいき）上げ下げの守護の理。
かしこねのみこと	人間身の内の息吹き分け、 世界では風の守護の理。
たいしよく天のみこと	出産の時、親と子の胎縁（たいえん）を切り、 出直しの時、息を引きとる世話、 世界では切ること一切の守護の理。
をふとのべのみこと	出産の時、親の胎内（たいない）から子を引き出す世話、世界では引き出し一切の守護の理。
いざなぎのみこと	男雛型（ひながた）・種（たね）の理。
いざなみのみこと	女雛型・苗代（なわしろ）の理。

教え――十全の守護

37

教え──おつとめ

おつとめ

世界をたすける手立て

毎月26日の祭典のてをどり

つとめの種類

　天理教における最も大切な祭儀で、たすけ一条の道の根本の手立てです。第一義的には、本部神殿で勤められる「かぐらづとめ」を指します。つとめは「かぐら」を主とし、「てをどり」に及びます。

　かぐらは、10人のつとめ人衆が、「ぢば・かんろだい」を囲んで、人間世界創造に際しての親神様(おやがみさま)のお働きを手振りに表して勤めることによって、その時の親神様のご守護を今に頂き、よろづたすけの成就(じょうじゅ)と陽気ぐらし世界の実現を祈念するものです。

　かぐらに続いて、神殿上段で男女3人ずつによる、てをどりが勤められます。いずれも、つとめの地歌である「みかぐらうた」(→45ページ)と、九つの鳴物(なりもの)(→41ページ)の調べに合わせて、陽気に、一手一つ(いってひと)に勤められます。

つとめは、また、その意味合いのうえから、「ようきづとめ」「たすけづとめ」「かんろだいのつとめ」とも呼ばれます。

教会本部では、立教の日柄である10月26日に秋季大祭（午前8時から）、教祖が現身をかくされた日に当たる1月26日に春季大祭（午前11時30分から）が勤められ、それ以外の月は26日に月次祭（午前9時から）が勤められます。また、4月18日には教祖誕生祭（午前10時から）、元日には元旦祭（午前5時から）が勤められます。

中山善司・4代(現)真柱

真柱

「おふでさき」（→45ページ）には、「内を治める真柱」、「この世を始めた神の真柱」などと、天理教の統理者としての真柱を指す場合と、かんろだいを意味する場合とがあり、心の拠りどころという意味もあります。教団の中心としての真柱は、祭儀を司り、さづけの理（→54ページ）を渡し、事情の運びをするとともに、祭儀、教義の裁定などの重要事項を管掌されます。

朝夕のおつとめ

　各地にある教会では、毎日「朝づとめ」「夕づとめ」が勤められています。教会本部では、日の出と日の入りを基準に時刻を決めて勤められます。一般の教会は、それぞれに時刻を定めて勤めています。

　朝には、十全なるご守護に生かされていることにお礼申し上げ、今日一日、思召に沿って勇んでつとめることをお誓いし、また今日も無事無難に健やかにお連れ通りいただけますようにとの願いを込めて勤めます。夕べには、一日を結構にお連れ通りいただいたお礼と反省、そして明日への祈りを込めて勤めます。

教 会 本 部 の お つ と め 時 間

	朝	夕		朝	夕
1月1〜15日	7：00	5：00	7月1〜15日	5：00	7：30
16〜31日	7：00	5：15	16〜31日	5：15	7：30
2月1〜15日	7：00	5：30	8月1〜15日	5：30	7：15
16〜29日	6：45	5：45	16〜31日	5：30	7：00
3月1〜15日	6：30	6：00	9月1〜15日	5：45	6：45
16〜31日	6：15	6：30	16〜30日	6：00	6：30
4月1〜15日	6：00	6：30	10月1〜15日	6：00	6：00
16〜30日	5：45	6：45	16〜31日	6：15	5：45
5月1〜15日	5：30	7：00	11月1〜15日	6：30	5：30
16〜31日	5：15	7：15	16〜30日	6：45	5：15
6月1〜30日	5：00	7：30	12月1〜31日	7：00	5：00

九つの鳴物

　おつとめには、九つの鳴物が用いられます。そのうち、笛、ちゃんぽん、拍子木、太鼓、すりがね、小鼓の六つを男鳴物、琴、三味線、胡弓の三つを女鳴物といいます。

　朝夕のおつとめは、拍子木、ちゃんぽん、太鼓、すりがねの、四つの鳴物で勤められます。

――― 男鳴物 ―――

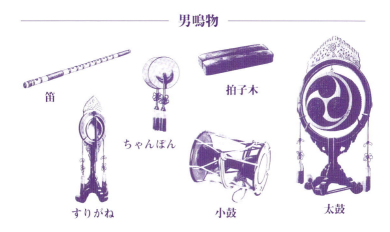

笛　　ちゃんぽん　　拍子木　　すりがね　　小鼓　　太鼓

――― 女鳴物 ―――

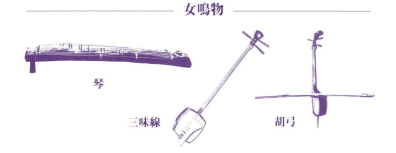

琴　　三味線　　胡弓

かしもの・かりもの

教え──かしもの・かりもの

神のふところで育まれている人間

体は神からの借りもの

　だれもが自分のものであると思って使っている「体」は、実は自分のものではなく、親神様(おやがみさま)からの「かりもの」であると教えられます。人間にとって自分のものは「心」だけであり、その自由に使える心通りに、体をはじめとする身の周りの一切をご守護くださるのです。

　したがって、借りものである体は、貸し主である親神様の思召(おぼしめし)に適(かな)う使い方をすることが肝心です。思召に沿わぬ自分中心の心づかいを「ほこり」(→46ページ)にたとえ、不断に払うことを求められます。

また、親神様の十全なるご守護に与ることのできる心づかいは誠の心であり、その最たるものは「人をたすける心」であると教えられます。

「借りる」とは「他人のものを、あとで返す約束で使う」(『広辞苑』)ことです。したがって、借りものである体は、いずれはお返しすることになります。これが「出直し」(→44ページ)です。

そして、新しい体を借りてこの世に帰ってくることを「生まれ替わり」と教えられます。

この世は神のからだ

「おさしづ」(→45ページ)に、「思うようにならん〳〵というは、かりものの証拠」(明治21年7月28日)とあるように、私たちは病んで初めて、この体が自分の思い通りにならないことを知ります。「たん〳〵となに事にてもこのよふわ　神のからだやしやんしてみよ」(三号40・135)、「にんけんハみな〳〵神のかしものや　なんとをもふてつこているやら」(三号41)との「おふでさき」(→45ページ)からうかがえるように、かしもの・かりものの教理の背景には、「この世は神のからだ」という世界観があります。すなわち、神のからだであるこの世の一部を、わが身の内としてお借りしているのです。したがって、世界と人体は一つの天の摂理に支配されていることになります。

教え──かしもの・かりもの

連綿と続く生命の営み

出直し・生まれ替わり

教え――出直し・生まれ替わり

新たな生への出発点

　天理教では、人の死を「出直し」といいます。親神様からの「かりもの」である体をお返しすることを指します。

　出直しの語は元来、「最初からもう一度やり直すこと」を意味することからも察せられるように、死は再生の契機であり、それぞれの魂に応じて、また新しい体を借りてこの世に帰ってくる「生まれ替わり」のための出発点であることを示されているのです。

生命のバトンタッチ

　一般的には、誕生はめでたく、死は何か暗い、忌まわしいものと考えがちですが、それで終わり、それっきりというようなものではありません。

　少し考えてみれば分かることですが、死がなければ誕生もあり得ません。死ぬ者がなくて生まれる者ばかりであったら、たちまち地球は人であふれかえってしまいます。そう考えますと、誕生と死は一つのものであり、切り離すことのできないものであることが分かります。

　連綿と続く生命の営み、命のサイクルの節目を言い表す「出直し」「生まれ替わり」。その言葉自体に、死というものが終わりではなく、再生へのスタートであり、誕生が単なる生命の始まりでは

なく、前生よりの命を引き継いでいるものであることが含意されています。

　大きな生命の流れの中でのバトンタッチを繰り返しながら、陽気ぐらしへの歩みが進められていくのです。

教え──出直し・生まれ替わり

天理教の三原典

『おふでさき』

『みかぐらうた』

『おさしづ』

　親神様じきじきの啓示の書である『おふでさき』『みかぐらうた』『おさしづ』を三原典といい、天理教の教義はこれらに基づきます。
『おふでさき』は、月日のやしろとなられた教祖（おやさま）が、自ら筆を執って記された書き物で、17号、1711首のお歌からなります。教えの全容が述べられていますが、特につとめ（→38ページ）の完成を最大の眼目としています。
『みかぐらうた』は、つとめの地歌として教えられたものです。5節からなり、かぐらの地歌（第1節〜第3節）と、てをどりの地歌（第4節〜第5節）に分かれます。手振りが付き、特に第5節は数え歌になっていることから、最も身近で親しみやすい教えの書でもあります。
『おさしづ』は、教祖ならびに本席様（ほんせきさま）による口述の教えを筆録したものです。親神様のほうからその時々に応じて神意を述べられたものを「刻限のさしづ」、人間の側からの伺い（うかがい）に対して答えられたものを「伺いのさしづ」といいます。

45

心のほこり

反省のよすがとして

教え――心のほこり

ほこりも積もれば山となるように

　親神様の思召に沿わない心づかいを「ほこり」にたとえて教えられています。

　ほこりは吹けば飛ぶような些細なものですが、油断をしていると、いつの間にか積もり重なり、ついには、ちょっとやそっとではきれいにならなくなるものです。

　それと同様に、思召に適わない自分中心の勝手な心を使っていると、やがて心は曇り濁って、十分なご守護を頂けなくなってしまいます。これが、病気や事情のもつれともなって現れます。

　このほこりの心づかいを反省し、払う手掛かりとして、をしい、ほしい、にくい、かわい、うらみ、はらだち、よく、こうまんの「八つのほこり」を挙げ、さらに、「うそとついしょこれきらい」と戒められています。

　八つのほこりを心の定規として、心づかいを改めるならば、心のほこりは払われ、身も鮮やかに治まります。

八つのほこり

をしい……心の働き、身の働きを惜しみ、納めるべき物を出し惜しむ。また、世のため、人のための相応の務めを欠き、あるいは、借りた物を返すのを惜しんだり、嫌なことを人にさせて自分は楽をしたいという心。

ほしい……努力を怠り、十分な働きもしないで金銭を欲しがり、分不相応に良い物を着たい、食べたい、また、何によらず、あるがうえにも欲しいという心。

にくい……人の助言や忠告をかえって悪く取って、その人を憎む。また、嫁 姑 など身内同士の憎み合い。さらには、人の陰口を言ってそしり、笑い、あるいは、罪を憎まず人を憎むという心。

かわい……自分さえ良ければ人はどうでもよい。わが子への愛に引かされて食べ物、着物の好き嫌いを言わせ、仕込むべきことも仕込まず、間違ったことも注意しないで、気ままにさせておくという心。また、自分のために人を悪く言うのもほこり。

うらみ……体面を傷つけた、望みを妨げた、どう言ったと、自分の不徳を思わず、人を恨み、根に持つような心。

はらだち……人が悪いことを言った、意に反することをしたと腹を立てる。理を立てず、我を通し、相手の言い分に耳を貸そうとしないで腹を立てるような心。

よく……人より多く身につけたい、取れるだけ取りたいという心。数量をごまかし、人を欺して利をかすめ、あるいは盗み、取り込むなど、何によらず人の物をただわが身につけるのは強欲。また、色情に溺れるのは色欲。

こうまん……力もないのに自惚れ、威張り、富や地位をかさに着て人を見下し、踏みつけにする。また、頭の良いのを鼻にかけて人を侮り、人の欠点を探す、あるいは知らないことを知ったふりをするような心。

ひのきしん

教え――ひのきしん

生かされている喜びを表す

昔ながらのもっこで土を運ぶ〝土持ちひのきしん〟。

親神様への感謝の行い

「ひのきしん」とは、親神様のご守護に感謝をささげる自発的な行為をいいます。

一般的には、寄進は「社寺などに金銭・物品を寄付すること」(『広辞苑』)を意味しますが、天理教では、身をもってする神恩報謝の行いをも、親神様は寄進としてお受け取りくださると教えられます。

したがって、貧富や老若男女の別なく、真実の心一つでだれにでもできるものです。

天理教の教えの基準となる『天理教教典』には、「日々常々、何事につけ、親神の恵を切に身に感

じる時、感謝の喜びは、自らその態度や行為にあらわれる。これを、ひのきしんと教えられる」とあります。信仰のままに、感謝の心から、喜び勇んで事に当たるならば、それはことごとく、ひのきしんとなるのです。

ひのきしんに漢字を当てると「日の寄進」となるところから、「日々の寄進」、あるいは「日を寄進する」、すなわち、一日の働きをお供えすること、とも解されます。

教え――ひのきしん

〝有事〟には迅速に被災地に駆けつける「災害救援ひのきしん隊」

毎年春に日を決めて実施する「全教一斉ひのきしんデー」

にをいがけ

教え——にをいがけ

信仰の喜びを伝え広める

道行く人に笑顔でリーフレットを手渡す

良い匂いは人の心を惹きつける

「にをいがけ」とは、匂い掛け。お道の匂い、親神様を信仰する者の喜び心の匂いを、人々に掛けていくことをいいます。この信仰のありがたさを世の人々に伝えるための実践を、こう呼んでいます。

花の香りや良い匂いには、人が自然に寄り集うように、日々常に教祖のひながた（→30ページ）を慕い、ひのきしん（→48ページ）の態度で歩む姿が、無言のうちにも周囲の人々の胸に言い知れぬ香りとなって映り、人の心を惹きつけていく——そうなることが、天理教の信仰者の目標でもあります。

「おふでさき」（→45ページ）では、「しんぢつにたすけ一ぢよの心なら　なにゆハいでもしかとうけ

とる」(三号38)、「わかるよふむねのうちよりしゃんせよ　人たすけたらわがみたすかる」(三号47)と、人のたすかりを願うことの大切さを教え示されています。

　一人でも多くの人に、一日も早く親神様の思召を伝え、ご守護のありがたさを味わっていただけるよう努めることは、親神様のご守護に対する何よりのご恩報じであると教えられています。

教え――にをいがけ

街頭に立ち、信仰の喜びを語りかける路傍講演

幟(のぼり)を立て、拍子木(ひょうしぎ)を打ち鳴らしながらの神名流し(かみなながし)

51

をびや許し

教え──をびや許し

「ぢば」から出される安産の許し

をびや許しを頂く

「をびや許し」は、人間創造の元の地点である「ぢば」(→14ページ) から妊婦に授けられる安産の許しです。これを頂き、親神様に身も心も委ねてお産に臨むならば、だれでも安産させていただくことができます。さらに、産前産後の母親の健康もお守りくださいます。

昔から「お産は女の大役（大厄）」といわれるように、子供を産むことは女性にとって命がけでした。そのため腹帯（産後に巻く）、毒忌み（妊娠中の食物制限）など、お産にまつわる習俗がたくさんありました。

これに対して教祖は、をびや許しを頂いた者は、疑いの心をなくして教え通りにするならば、「をびや一切常の通り、腹帯いらず、毒忌みいらず、凭れ物いらず、七十五日の身のけがれもなし」と教えられたのです。

おまもり
心の守りは身の守り

教え――おまもり

「おまもり」は、親里へ帰ってきて願い出る人に渡されるもので、ぢばへ帰った証拠となるところから、「証拠守り」とも呼ばれています。存命の教祖がお召しになった赤衣を小さく裁ったものを、おまもりとしてお下げくださいます。

おまもりを肌身離さず身に着けていると、大難は小難、小難は無難にお連れ通りいただけます。とはいえ、ただ身に着けてさえいればいいというものではなく、教祖の教えを心に治め、身に行って日々生活するところに、ご守護を頂けるのです。このことを「心の守りは身の守り」と教えられています。

をびや許し・おまもりを頂くには

「をびや許し」は、天理教の信仰の有無に関係なく、妊娠6カ月目に入れば頂くことができます。最寄りの教会（信者の場合は自分の所属教会）を通じて願書を調え、そのう

えでおぢばへ帰り、本人が直接願い出ると頂けます。やむを得ず本人が帰れない場合は、夫あるいは親が代わって頂くこともできます。

「おまもり」も教会を通じて願書を準備し、そのうえで本人がおぢばへ帰り、願い出ます。ただし本人が15歳未満の場合は、親またはそれに代わる者が同道するか、もしくは親が代わって頂くこともできます。

おさづけ

病だすけの手立て

教え――おさづけ

おさづけを取り次ぐ

「さづけ」とは、病む人に取り次いで病気やけがの回復を願う、病だすけの手立てです。「おさづけの理」を戴いた人のみが、おさづけを取り次ぐことができます。

親神様は取り次ぐ者と取り次がれる者の心の真実をお受け取りくださって、どのような不思議なたすけもお現しくださいます。

「おさづけの理」は、9度の「別席」（→次ページ）を運んで心を洗い立て、願い出るところにお授けくださいます。おさづけの理を戴いた人を「ようぼく」と呼びます。ようぼくとは、陽気ぐらし世界建設のための人材、用材という意味です。

別席 — 神様の話を聞いて、おたすけ人に

教え——別席

　別席は、「おさづけの理」を戴くために、おぢばで聴かせていただく親神様のお話です。このお話を聴くことを「別席を運ぶ」といいます。満17歳以上なら、だれでも運ぶことができます。

　別席では、聞き落としや取り違いのないように、同じ理のお話を9回聴きます。

　1席、2席と運ぶ中でこれまでの通り方を振り返り、お話の理によってだんだんと心を洗い立て、入れ替えるとともに、心に治まったところを身に行うことが大切です。

　そして、9席目で満席となり、尊い天の与えであるおさづけの理を戴きます。別席中に培った、人をたすけたいとの誠真実の心に、生涯の宝として、おさづけの理が授けられるのです。

おさづけの理を戴いた高校生

教え——海外へ広がる道

世界に陽気ぐらしを 海外へ広がる道

　天理教が、組織立った海外への布教を始めたのは、明治30年代のことです。しかし個別には、それ以前から大望を抱いて国外へ旅立つ布教師たちがいて、イギリス、アメリカ、朝鮮半島、中国大陸などへ着実に教えが広まっていきました。

　大正15年(1926年)の教祖40年祭を契機に、海外布教はますます活発化。前年の14年には天理外国語学校（天理大学の前身）を設立し、布教地の言語や文化の知識を習得した布教師の養成に力を注ぎました。

　昭和2年(1927年)には、海外伝道部（現・海外部）を教会本部に設置。ハワイ、アメリカ、ブラジルなどへも伝道線は順調に伸びていきました。

　その後、第二次世界大戦の勃発によって布教活動は停滞。終戦後は多くの地域から引き揚げざるを得ませんでしたが、昭和30年代から徐々に活動を再開し、現在では、日本以外の38の国と地域に、伝道庁、出張所、教会、布教所などの拠点を設けています。

ブラジル伝道庁

親里の1年

親里の1年

元旦祭 【1月1日】

新年を迎えた感謝と、変わらぬご守護を祈って勤める祭典。毎年元日の午前5時から勤められる。

人々は、教祖の親心を胸にたたえて参拝する

春季大祭 【1月26日】

教祖（おやさま）が現身（うつしみ）をかくされた明治20年（1887年）陰暦正月26日に由来する春の大祭。午前11時30分から始まり、十二下りのおつとめを終えたころに、教祖がお姿をかくされた時刻、午後2時を迎える。

お節会 【1月5〜7日】

天理教教会本部の新春の恒例行事「お節会」は、毎年1月5日から7日まで実施される。年末、全国各地の教会などからお供えされた大小の鏡餅は、正月三が日、神殿に供えられる。その量、約40トン。4日の「鏡開き」で食べやすい大きさに切り分けられ、すまし雑煮にして帰参者に振る舞われる。この催しは、明治初期にはすでに始まっていた。

親里の1年

学生や生徒たちなど約5千人が、誘導や給仕、餅焼きなどのひのきしんに当たる

すまし汁に焼きたての餅と水菜、この素朴な雑煮が好評

餅は炭火で丁寧に焼き上げる

親里の1年

学生生徒修養会・大学の部【3月上旬】

全国各地の大学、短期大学、大学院、専門学校などに在学し、「おぢば」に帰ってくる機会の少ない学生・生徒を集めて行う修養の会。学生たちは合宿生活を通じて教えを学び、信仰の喜びを分かち合う。

共に語り、何でも分かち合える、そんな仲間との出会いがある

人通りの多い街へ出て、神名(かみな)流しや路傍講演などを行う「にをいがけ」実習

グループタイムでは、信仰への熱い思いや、時には悩みを打ち明ける場面も

春の学生おぢばがえり 【3月28日】

天理教につながる全国各地の学生たちが「おぢば」に帰り集い、それぞれの信仰を確認し、親睦を深める場で、今後の活動のステップとなる。式典、直属アワー、後夜祭など多彩な行事が催される。

後夜祭の迫力あるステージパフォーマンス

式典の最後には愛唱歌『灯〜akari〜』を大合唱

親里の1年

教祖誕生祭 【4月18日】

寛政10年（1798年）4月18日、教祖・中山みき様が誕生された日をお祝いして勤める祭典。祭典後、本部中庭で行われる「よろこびの大合唱」では、参拝者たちが『教祖御誕生祝歌』などを斉唱してお祝いする。教祖誕生祭に前後して、親里では各種の慶祝行事が催される。

「おやさま、お誕生日おめでとうございます」の声に合わせ、全員でお祝いを申し上げる

親里の1年

祭典後の「よろこびの大合唱」。参拝者たちは声高らかに慶祝歌を歌う

天理教婦人会総会 【4月19日】

教祖誕生祭の翌日、天理教婦人会の総会が開催される。天理教婦人会は、明治43年(1910年)に創立。以来、婦人同士が互いにねり合い、談じ合いながら信仰の高揚を図ってきた。

中庭を埋める婦人会員。総会には全国各地はもとより、海外からも会員が集う

全教一斉ひのきしんデー【4月29日】

日常生活の中で「ひのきしん」(→48ページ)を実践できるようになるためのきっかけとして、また、地域社会における日ごろの活動の集大成として、毎年春に日を決めて実施している。

公園、海岸、景勝地、公共施設など、国の内外で行われるひのきしん活動。いずれの会場にも、感謝と喜びがあふれている

親里の1年

多くの家族連れが参加するのも、一斉行事ならでは

65

親里の1年

日ごろの練習の成果を親神様・教祖にご覧いただく「鼓笛お供演奏」

夏といえば、やっぱりプール　　冷たいお茶の接待をする　　お昼ごはんは子供たちの
　　　　　　　　　　　　　　少年ひのきしん隊員たち　　大好きなカレーライス

こどもおぢばがえり【7月26日〜8月4日】

夏休みの親里(おやさと)は、子供たちであふれ返る。「こどもおぢばがえり」と呼ばれる夏の一大イベントに、全国各地や海外から、毎年20万人以上の参加者が集まってくるからだ。子供たちは、さまざまな催しに参加する中で、人を思いやる心を育(はぐく)み、たくさんの友達をつくって家路につく。

夜のパレードには海外から帰参した子供たちも出演

歌やダンスが盛りだくさんの楽しいステージ

みんなで一緒に神殿の回廊拭きひのきしん

親里の1年

おつとめの鳴物練習

学生生徒修養会・高校の部【8月中旬】

QRコード

3月の大学の部と同様に、全国各地の高校生を対象に実施される。教義の勉強のほか、修練として、おてふり、鳴物(なりもの)、ひのきしんなどのプログラムが用意されている。

先人の足跡をたどる十三峠(じゅうさんとうげ)越え

感謝を胸に、閉講式での「よろづよ八首」

全教一斉にをいがけデー【9月28日〜30日】

全教挙げて戸別訪問や路傍講演などの「にをいがけ」(→50ページ)をする日で、毎年9月28日から30日にかけて行われる。

道行く人にも積極的に声をかけ、自らの信仰の喜びを伝える

秋季大祭【10月26日】

　天保9年(1838年)10月26日、天理教の立教の元一日に由来する秋の大祭。大祭前後には、陽気フェスティバルなど多彩な行事も催される。

秋季大祭を迎えた神苑。天保9年の立教の日以来、大和の一寒村は、大勢の人々が集う親里へと発展していった

天理教青年会総会【10月27日】

　秋季大祭の翌日、天理教青年会の総会が開催される。天理青年会は大正7年(1918年)に創立。「あらきとうりよう」(＝荒木棟梁。前人未到の地を切り開く開拓者のように、布教と求道に邁進する青年を指す)として、さまざまな活動を牽引してきた。

大勢の会員らで盛況の前夜祭

会旗を先頭に、総会に参集する会員たち

親里の1年

🌸 月次祭

　立教の元一日である天保9年（1838年）10月26日、教祖が現身をかくされた明治20年（1887年）陰暦正月26日、このゆかりある日にちなんで、1月と10月を除く毎月26日、午前9時から本部神殿で月次祭が勤められる。

教育・文化

学園都市・天理

教育・文化 —— 学園都市・天理

教えを教育に生かして

おつとめ衣姿で臨む卒業式

幼稚園から大学まで一貫した教育

学舎(まなびや)で過ごす中で教えに親しみ、陽気ぐらしのできる人間となって社会へ羽ばたいてほしい——。

親里(おやさと)には、信条教育を根幹とする、さまざまな教育機関があります。天理教の布教師養成を目的とする天理教校。信条教育とともに普通教育を施す、幼稚園から大学・大学院までの〝天理学園〟。そのほか、医療従事者養成のための天理医療大学などです。

親里管内の学生・生徒の総数は7千人を超えています。天理という町は、宗教的環境のもとで人材を育てる〝学園都市〟でもあるのです。

教育・文化 ── 学園都市・天理

天理教校

天理教校学園高校

マーチングバンド部は、全国大会で何度もグランプリに輝いている

教育・文化──学園都市・天理

天理幼稚園

みかん摘みやじゃがいも掘りなど、自然に親しむ機会が多い

天理小学校

満開の桜の下、本部神殿へ入学のお礼参拝に向かう

教育・文化──学園都市・天理

天理中学校

文科系・体育系ともに部活動は盛ん

天理高校

昼間は教会本部の各部署でひのきしんに、夜は勉学に励む天理高校第2部の生徒たち

新春の伝統行事「お節会(せちえ)」での給仕ひのきしん(上)と、登校前の参拝(下)

教育・文化 ── 学園都市・天理

天理大学

【大学院】
臨床人間学研究科
　臨床心理学専攻
体育学研究科
　体育学専攻(2015年4月新設)

【人間学部】
宗教学科
人間関係学科
　臨床心理専攻
　生涯教育専攻
　社会福祉専攻

【文学部】
国文学国語学科
歴史文化学科
　歴史学専攻
　考古学・民俗学専攻

【国際学部】
外国語学科
　英米語専攻
　中国語専攻
　韓国・朝鮮語専攻
　日本語専攻
　スペイン語・ブラジルポルトガル語専攻
　(2015年4月新設)
地域文化学科
　アジア・オセアニア研究コース
　ヨーロッパ・アフリカ研究コース
　アメリカス研究コース

【体育学部】
体育学科
　競技コース
　教育コース
　創造コース
　健康コース
　武道コース

国際色を前面に出したオープンキャンパス

屋内プールでの飛び込みの練習

教育・文化――学園都市・天理

天理医療大学

臨床検査学科の実習

「看護の日」のイベントで、病院来院者の血圧を測定する看護学科の学生

天理教語学院（TLI）

さまざまな国と地域の若者たちが親里で留学生活を送る

おやさとふせこみ科の「布教実習」

教育・文化 ── 天理図書館

天理図書館
やまとのふみくら

QRコード

天理図書館正面

日本書紀
神代巻〈国宝〉

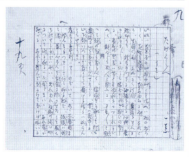

樋口一葉「たけくらべ」原稿

奥の細道行脚之図　許六画

80

国内外の貴重書の宝庫

教育・文化──天理図書館

天理図書館は、昭和5年(1930年)、公開図書館の祖・石上宅嗣(いそのかみのやかつぐ)ゆかりの石上神宮の西方に竣工(しゅんこう)しました。その歴史は古く、大正8年(1919年)、文化活動を目指すべく天理教青年会が図書の収集を始めたことにさかのぼります。現在、約146万冊の蔵書を有し、質・量ともに日本屈指の図書館として、その名は広く知られています。

蔵書内容としては、一般図書のほか、国内外の貴重書を各分野にわたって収集。特に古文書類、キリスト教関係資料、文学関係資料などが充実しています。平成27年(2015年)現在、『乾元本・日本書紀』『南海寄帰内法伝』など国宝6点、重要文化財85点、重要美術品66点を所蔵しています。

グーテンベルク
四十二行聖書
(1455年頃)

フォベル
地球儀(1536年)

ナポレオン皇帝版エジプト誌
(1809〜1822年)

※写真提供=天理図書館

やまとのほくら 天理参考館

教育・文化 ── 天理参考館

天理参考館入り口

展示室

甲骨文字（中国、殷時代）

古代メソポタミアの石像・グデア頭像（イラク、紀元前2200年頃）

ものから学ぶ、人のこころ

　天理参考館は、天理外国語学校(天理大学の前身)の教材室として、昭和5年(1930年)、同校舎内に「海外事情参考品室」を設けたことに始まります。その後、博物館に相当する施設として発展しました。

　天理外国語学校は、海外布教者のために設けられた学校です。他の国を理解するには、語学の習得とともに文化の理解も必要と考え、参考品室が設けられました。資料収集の基本方針は「人々が実際に使っていたものを集める」というもので、その精神は今も変わりません。

　現在、考古美術資料、海外民族資料、日本民俗資料、交通資料など合わせて約30万点を所蔵し、常時約3千点が展示されています。日本の考古・民俗資料をはじめ、ヨーロッパ、オリエント、アメリカ、オセアニアなど収集は多岐にわたり、特に中国、朝鮮半島などアジア関係の資料は、内外の識者から高く評価されています。

教育・文化──天理参考館

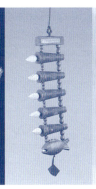

台湾先住民族の新婦礼装上着　　ろうそく商の看板　　木彫りの仮面
　　　　　　　　　　　　　　　(中国・北京)　　　(パプアニューギニア)

教育・文化 ── 天理よろづ相談所「憩の家」

天理よろづ相談所「憩の家」

医療・信仰・生活の三つの側面からの救済

天理よろづ相談所病院「憩の家」は昭和41年、おやさとやかたの西棟に開設。現在も本館として使われている

病む人の陽気ぐらしを目指して、報恩感謝の心で最良の看護につとめている

QRコード

事情部では、経験豊かな講師が患者の相談に応じ、信仰に基づいて心身の苦悩の解決に当たる

心と体を癒やす病院

　天理よろづ相談所では、昭和10年(1935年)の開設以来、医療と信仰による、心と体の両面からの治療が行われてきました。「憩の家」という名前は、この病院が、体を患った人々が身も心も安らかに憩える場所であるように、そして一日も早く、元通り心身ともに健康になっていただけるように、との願いから付けられたものです。

　現代医学の粋を集めた設備と優秀なスタッフにより、体の治療を行う「身上部」、天理教の教えに基づき人々の苦悩の相談・解決に当たる「事情部」、患者の生活上の諸問題、および医療従事者の養成などに当たる「世話部」の3部門から成り、それぞれ連携して患者の心身の救済に当たっています。

教育・文化――天理よろづ相談所「憩の家」

平成26年2月にオープンした新入院棟。左は同18年開設の外来診療棟

外来診療棟の総合待合

新入院棟のハイブリッド手術室

教育・文化 ── 天理スポーツ

天理スポーツ

かりものの体に感謝して

QRコード

近年の活躍が目覚ましい天理大学ラグビー部

大正14年創部の天理高校ラグビー部は、花園での通算100勝を達成

　天理はスポーツの盛んな地としても有名です。親神様からお借りしているこの体を使って、生かされている喜びを表す手段の一つとして行われています。

　全国優勝経験を持つクラブも多く、オリンピック選手が多数輩出しています。

教育・文化 ── 天理スポーツ

甲子園で3度の優勝を誇る天理高校野球部

ホッケー部は大学、高校ともに
幾多のタイトルを獲得

数々の名選手を生んできた、
世界に名だたる天理柔道

音楽 — オーケストラから雅楽まで

教育・文化 —— 音楽

原典の一つ「おふでさき」に曲をつけて歌う「おうた演奏会」

天理大学雅楽部

天理高校吹奏楽部

　天理では音楽活動も盛んです。鼓笛隊からオーケストラまで、さまざまな音楽グループが活動しています。特に、天理高校吹奏楽部や天理教校学園高校マーチングバンド部は、全国トップクラスの実力を誇っています。また、天理教では、祭儀式の音楽として雅楽を用いていることから、日本一の雅楽人口を抱えています。なかでも天理大学雅楽部は、国内はもとより海外でも演奏会を催すなど、文化交流の一端を担っています。

天理市今昔ものがたり

近江昌司
天理参考館顧問／天理大学名誉教授

おおみ・しょうじ

イラストレーション＝細川佳代

天理市今昔ものがたり

第一話　邪馬台国・卑弥呼の遺物が出土!?

倭国大乱を鎮めた鉄刀

　時は弥生時代――。稲作を中心とする農耕社会の拡大に伴い、社会の形態はムラからクニへと変化していきます。2世紀には、全国各地に小国家が散在し、クニ同士の戦乱が絶えない時代でした。中国では、日本の政治勢力を支配する国家を「倭国」と呼んでいました。

　この時代、最も勢力を誇ったのが邪馬台国の女王・卑弥呼です。実は卑弥呼が、天理の地に居たと考えられる一説があるのです。

　天理市櫟本町。天理教城法大教会の裏山にある東大寺山古墳は、4世紀末の前方後円墳です。1960年に発掘調査が行われ、多くの貴重な遺物が出土しました。その中で最も価値が高いとされるのが「中平銘鉄刀」です。

　鉄刀の全長110センチ。背には「中国・後漢時代の中平（184〜188年）に作られた貴い霊剣」を意味する、金象眼による銘文が刻まれています。

　中国の歴史書には「桓霊（後漢時代の王・桓帝と霊帝）の間（2世紀後半）、倭国は大いに乱れる」と書かれています。

　西暦180年ごろの日本は、20余りの小国に分かれて、互いに攻撃し合っていました。やがて、その戦乱を統一したのが卑弥呼です。卑弥呼の霊力によって各国は争いをやめ、倭国の統一がほぼ達成されます。

　では、なぜ卑弥呼が倭国を統一できたのでしょ

第一話 邪馬台国・卑弥呼の遺物が出土⁉

うか。

　アジア地域の盟主だった中国は、古代から近代まで周辺諸国を傘下に治めていました。諸国は貢ぎ物を持って中国へ赴き、臣従を誓い、中国の王から各国それぞれの王であることを認めてもらいました。これを「冊封体制」といいます。倭国と呼ばれた日本も、この体制下にありました。

　その一例を挙げると、西暦57年、北九州に位置する奴国の王は、後漢の王から「漢委奴国王」と記された金印を授かっています。

　ところで、2世紀後半。倭国の大乱を放置できない霊帝は、後漢の王の象徴たる年号「中平」を

象眼した鉄刀を製作します。そして、倭国統一の中心的人物であった卑弥呼に授けました。

　一方、霊帝から鉄刀を受け取った卑弥呼は、戦乱中にこの鉄刀を振りかざします。「私の背後には、最高権威者たる後漢帝国が控えているのだ——」と国々に思わしめました。この鉄刀の威力によって、大乱はほどなく終結したのです。

　その背景について『魏志倭人伝』には「もともと男子の王を立てて統一を図ったが、70〜80年を経ても大乱は続き、国々は攻伐し合って止まることはなかった。最後に一女子を立てて王としたところ、ようやく大乱は治まった。すなわち、これが邪馬台国の女王・卑弥呼である」とあります。その卑弥呼の特徴については「鬼道に仕え、よく衆を惑わす」と示

東京国立博物館が所蔵する
中平銘鉄刀

されています。

鬼道とは古代の呪術のことです。彼女は神に仕える巫女のような存在でもありました。つまり卑弥呼は、特別な武力を用いたのではなく、鉄刀を使った呪術で諸国統一を図ったのです。

さらに、女王になった卑弥呼について「宮室という家屋に入ったまま一歩も外に出ない。下女は大勢いるが、顔を見た者は誰もいない。ただ一人の弟が居所に出入りして、給仕と言葉の伝達をする」とあります。

こうした記述から、大乱を終わらせたのも、その後の順調な統治の歩みも、すべて卑弥呼が発する霊なる力、呪術の威力によるものだったことがうかがえます。

239年。卑弥呼は、後漢に取って代わった魏へ貢物を持たせた使者を派遣します。その返礼として銅鏡100枚などを賜りました。

この銅鏡は「三角縁神獣鏡」との説があります。1998年、天理市柳本町の黒塚古墳から、33面の三角縁神獣鏡が出土して大ニュースになりました。

こうしたことから、中平銘鉄刀と三角縁神獣鏡が発見された天理市は、卑弥呼・邪馬台国と深い縁がある有力な土地といえるのです。

第一話　邪馬台国・卑弥呼の遺物が出土!?

天理市今昔ものがたり

第二話 「大和王権」始まりの地

大王が眠る巨大前方後円墳

邪馬台国の女王・卑弥呼の力によって、3世紀後半には倭国の統一が進みます。邪馬台国は大和か九州か、長い論争が続いています。

やがて天理市から桜井市にかけて、大きな政治勢力を持った王権が誕生します。それを「大和王権」と呼んでいます。そして、時代は古墳時代に入っていきます。

その古墳時代に入ると、土地や財産を持ち、私兵を従えて一定の地域を支配する豪族が各地に現れました。大和王権は、畿内の豪族が連合して形成されたものです。また、この豪族の代表を大王（のちに天皇）といいます。

ちなみに「倭（大和）」の名称は、山の辺の道に沿った一地域の名であったものが、王権の伸展に伴って郡名・国名となったものです。それはおそらく、天理市南部の辺りにあったものと思われます。この地を拠点に大和王権は発展していったのです。

大和王権が残した痕跡は、私たちに多くの歴史を語りかけてくれます。そのいくつかを申し上げるとしましょう。

天理市には、柳本町を中心に大和盆地の東山麓に沿うように、小山のように見える大型の前方後円墳が集まっています。考古学では北部を「大和古墳群」、南部を「柳本古墳群」といいます。

なかでも、柳本町にある「行燈山古墳」は長さ

第二話 「大和王権」始まりの地

242メートル、高さ31メートル。渋谷町にある「渋谷向山古墳」は長さ310メートル、高さ26メートル。いずれも巨大な前方後円墳です。

これだけの大型古墳を造るには、高度な土木技術者や多くの人夫を労働力として徴発せねばなりません。もちろん、それを指揮するリーダーも必要です。

天理市から南部の桜井市にかけての地域には、絶大な政権を有した大王と、それに従う豪族や多数の民衆が居住していたと考えられます。

ところで、行燈山古墳と渋谷向山古墳は考古学上の名称です。『古事記』には、行燈山古墳は

95

天理市今昔ものがたり

上空から見た行燈山古墳(崇神天皇陵)〈写真提供＝天理市文化財課〉

「山邊道勾岡上陵」とあり、第10代天皇・崇神天皇の墓(崇神天皇陵)。渋谷向山古墳は「山邊道上陵」とあり、第12代景行天皇の墓(景行天皇陵)と記されています。

また、第11代垂仁天皇の墓(垂仁天皇陵)とされる古墳は奈良市尼辻西町にあります。崇神天皇陵と景行天皇陵のある地域からは、やや北部へ離れていますが、山の辺の道の延長上にある、ひとまとまりの大型古墳群といえるでしょう。

こうしたことから、大型古墳を築き得た大王は、崇神・垂仁・景行と名づけられた3人の天皇にほかならないと思われます。

では、3天皇はどこに都を築いたのでしょうか。

『古事記』には、3天皇の宮都は、崇神天皇から順に「師木の水垣宮」「師木の玉垣宮」「纏向の日代宮」と記されており、桜井市の三輪山麓から

北方にかけての地域にあったと思われます。

　また３天皇は、どのような力を持っていたのでしょうか。

『古事記』の記述によると、崇神・垂仁の２天皇については強力な軍事力も戦闘場面も語られていません。また『日本書紀』に登場するのも、祭祀の話がほとんどです。おそらく２天皇は、呪術に似た霊力の持ち主だったのでしょう。前回紹介した卑弥呼に通じるものがあります。おそらく、卑弥呼の系譜を引く呪術者だったのでしょう。

　なお、景行天皇のくだりは、ほとんど倭建命の物語でうめられています。

　３天皇の宮都、大規模陵墓の所在地などから、この地に大きな政治権力が存在したことがうかがえます。そしてこれこそが、「初期大和王権」の始まりと考えられるようになりました。

　さらに、３天皇の后妃は紀伊、尾張、丹波、吉備の出身者であったことから、この範囲が初期大和王権の勢力圏であったと考えてよいでしょう。

　崇神天皇陵、景行天皇陵の築造は、現在の考古学研究では４世紀前半に当たります。大和王権の展開は、大略そのあたりにあると考えられるのではないでしょうか。

天理市今昔ものがたり

第三話 「物部氏」から「石上氏」へ
大和王権を支えた豪族の盛衰

　3・4世紀ごろ、天理市南部に形成された「初期大和王権」。その後、さまざまな問題をはらみながらも、飛鳥を中心とする大和国に王権が存続しました。この王権を支えた豪族の一つが物部氏です。

　物部の「もの」とは、古代祭祀に必須の物具を表しています。それは主に、剣、鉾などの武器類、勾玉などの玉類です。これらを使って神を招き、占いをするとともに重要な裁判も行ったのです。

　物部氏は、これらの祭具を使いながら勢力を伸ばし、軍事、警察、刑罰、祭祀などを担当する有力な氏族として勢力を伸ばしていきました。こうして、朝廷の重要な部署を担い、ひいては朝廷の護衛も務めるようになります。

やがて、聖徳太子が登場して中央集権政治を目指した新しい政治が始まると、7世紀初めに大きな転機が訪れます。

6世紀以降、大臣と並ぶ「大連」の地位にあった物部氏の、本宗家に当たる物部守屋は、本拠地の河内渋川（大阪府八尾市）で、政敵であった大臣の蘇我馬子と争い、滅ぼされてしまうのです。

この争いは仏教をめぐる対立だったといわれていますが、伝統氏族の物部氏と新興氏族の蘇我氏との、政界の主導権をめぐる権力闘争が本質であったと考えられます。

しかし、物部氏が滅んだとはいえ、伝統的に継承してきた物部氏本来の職掌については、ほかの氏族が代わるわけにはいきません。そこで、石上神宮の経営に携わっていた物部の一支族「物部連」家に、その職が与えられることになります。

石上神宮は、第11代垂仁天皇の兄・イニシキ命が1千口の剣を収め、高天原（神々が住むとされる天上界）から降ろされた剣「布都御魂」をご神体としています。さらに国宝「七支刀」をはじめ、たくさんの武器を所蔵していたことで知られています。

これらは、古代豪族たちが服属の証として祭具や武器を王権に献上したものを、神倉に収めていたものと考えています。そして、5・6世紀に〝軍

事氏族〟として発展した物部氏は、祖先神である
ニギハヤヒ命を石上神宮に祀り、氏神としての性
格を整えていきます。

　こうした経緯によって、河内渋川の本宗家から
石上神宮へ派遣されていた支族の物部連家が、本
宗家が宮廷で担当していた職掌を受け持つように
なったと考えています。

「大化の改新」を遂行した第38代天智天皇が亡く
なると、672年、後継者をめぐって「壬申の乱」
が起こりました。天智天皇の子・大友皇子と、
天智天皇の弟・大海人皇子が天下を二分して争っ
たのです。

　敗れた大友皇子は、山前（現在の滋賀県大津市）
へ逃げて自害します。『日本書紀』は、このとき
左右両大臣以下の群臣が逃亡するなか、ただ一人、
物部氏の支族、物部連麻呂だけが大友皇子の最期
を看取ったと記しています。

　麻呂の父・物部宇麻乃は、第36代孝徳天皇（645
〜654）の時代に、「衛部」の職に就いています。
衛部とは、朝廷の軍事や宿衛（宿直して護衛する
こと）の責任者であり、内廷の軍事統括者のこと
です。麻呂はその任を父から継承していたので、
大友皇子に最後までつき従ったのです。

「壬申の乱」で勝利した大海人皇子は、即位して
第40代天武天皇となります。麻呂はその豊かな才
能が認められ、天武天皇に重用されました。そし

第三話 「物部氏」から「石上氏」へ

て「物部」姓を改め、住居の地名を取って「石上」姓を名乗ったのです。最後は官僚筆頭の左大臣にまで上り詰め、石上朝臣麻呂となりました。

昭和59年に実施した天理市石上町の平尾山遺跡の発掘調査では、7世紀初頭と推測される奥行3間、間口4間の建物の四方に庇を巡らせた豪華な建築址が発見されました。これは朝臣麻呂の邸宅と考えられています。

このころ石上神宮の経営から手を引いた石上氏は、高級官僚の道を歩んでいたのです。その孫が、大納言石上宅嗣。現在、天理図書館の前庭に、宅嗣の顕彰碑が立っています。宅嗣は、平城京に日本最初の図書館「芸亭」を創設した文化人でもありました。

物部氏から石上氏へ――。彼らの活躍をたどる中で、天理のあちこちに豪族たちの清新な息吹が感じられるのではないでしょうか。

天理図書館の前庭に立つ
石上宅嗣の顕彰碑

天理市今昔ものがたり

第四話　古代の三本の官道

都の繁栄に伴い〝巷〟が出現

　古代の大和盆地には、南北に縦貫する3本の官道がありました。東から順に「上ツ道」「中ツ道」「下ツ道」といい、いずれも天理市を通ります(右図参照)。

　この〝古代の三道〟は、現在の地図上にも痕跡をたどることができ、生活道路として残っている所もあります。これまでの発掘調査では、〝三道〟から7カ所ほどの遺構（道路の構造を知ることができる遺跡）が確認されています。

　『日本書紀』には、「壬申の乱」(672年) における倭京（飛鳥を中心に存在した都）の戦いで、〝三道〟が重要な幹線道路であったことが記述されています。

　また、古代史を振り返ると、〝三道〟の意義が極めて大きいことがうかがえます。その一つを、「藤原京」（694〜710年）の建設に見ることができます。

　第38代天智天皇の弟であった大海人皇子は、壬申の乱で勝利を収め、672年、即位して第40代天武天皇になりました。

　古代の天皇は、代替わりのたびに新しい宮室（宮殿）を建てましたが、天武天皇は唐（中国）に倣って、行政的な都市計画に基づいた都の造営を企図しました。この計画は、第41代持統天皇に引き継がれ、694年に完成したのが藤原京（現在の橿原市東部）です。

102

第四話 古代の三本の官道

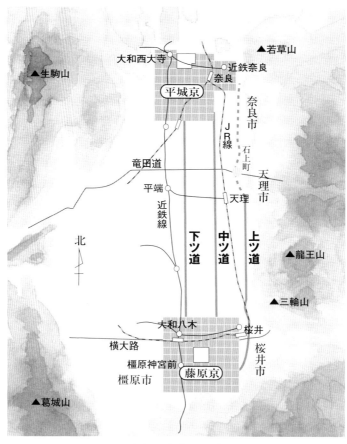

大和の古代の三道

藤原京の造営に当たり、京域（都の土地の範囲）の基準となったのが〝三道〟でした。東西の範囲は中ツ道と下ツ道の間隔２.１キロ、南北の範囲は中ツ道、下ツ道に直交する横大路と山田道の間隔３.２キロに定めるなど、〝三道〟を基準とする都の計画が進められたのです。

しかし、近年の発掘調査から、京域はさらに四方へ拡大していることが判明し、その範囲は、東西５.３キロまで広がることが明らかになりました（南北は未確認。正四角形に近いものと考えられます）。これを「大藤原京構想」といいます。

その後、都が「平城京」（710〜794年）へ遷都される際も、〝三道〟が大きな役割を果たしたと考えられます。何しろ、天皇・皇后をはじめ、すべての役人・役所が引っ越すのですから、人々の往復や資材の運搬道路としての〝三道〟の役割は重要でした。

平城京の京域もまた、〝三道〟が基準とされました。下ツ道を中心線とし、東の境界は中ツ道の延長線上に置き、これを西に折り返した分を西の境界にしました。その範囲は東西約４.３キロ、南北約４.８キロに及びます。

下ツ道の北方線上には、最も重要な正門に当たる朱雀門が設置され、これをくぐると、朱雀大路が広がり、大極殿に行き当たります。つまり〝三道〟は、藤原京と平城京を結ぶ主要街道であった

のです。

『万葉集』巻一には「飛鳥の明日香の里を置きて去なば　君があたりは見えずかもあらむ」(78)という歌があります。

　この歌は、和銅3年(710年)、第43代元明天皇が藤原京を発ち、建設中の平城京の巡検に御幸されたときに詠まれたものです。歌の詞書には「神輿を長屋の原に停めて」とあります。「長屋の原」は、現在の天理市永原町、長柄町、東井戸堂町、西井戸堂町などの説があります。おそらく、元明天皇は中ツ道を通られて、東井戸堂町の辺りで休息されたと考えられています。

　やがて平城京が繁栄すると、〝三道〟はますます往還する人々でにぎわいました。一例を挙げると、都介(現在の奈良市都祁)から竜田(現在の斑鳩町)に伸びる竜田道(上横大路)が上ツ道と交差する地点は、現在の天理市石上町に位置します。

　この辺りは、多くの人や物資が行き交う〝巷〟となり、石上の市場が出現するようになりました。

　都の形成や街の発展に、大きな役割を果たした〝三道〟。都が京都へ移った平安時代以後も、人々にとって欠かせない幹線道路として残っていくのです。

第四話　古代の三本の官道

1．小町と遍照

　都が奈良から京都へ移った平安時代以降も、天理を南北に走る上ツ道・中ツ道・下ツ道はにぎわいました。日本を代表する絶世の美女、小野小町も天理にやって来ました。

　9世紀中ごろ、初瀬（奈良県桜井市）からの帰途、「石上寺」（天理市布留町）に、親しい歌仲間の僧正遍照がいると聞いて会いたいと思い、歌を贈りました。

　　石の上に旅寝をすればいと寒し
　　苔の衣をわれにかさなむ

「岩の上で旅寝をするとひどく寒いでしょう。岩にはえる苔さながらの苔の衣（僧衣）一枚お貸しください」（大岡信訳）

「石の上」は「石上」にかけています。遍照からは、すぐに返歌が届きました。

　　世をそむく苔の衣はただ一重
　　かさねばうとしいざ二人寝む

「世を捨てた僧の苔の衣はただ一重。でも貸さないのも薄情だ。さあ、一枚の衣の下で二人で寝ましょう」（同訳）

　小町の生涯は明らかではありませんが、宮廷に女官として仕えたことは分かっています。

　一方の遍照は、父が第50代桓武天皇の皇子・良岑安世で、母は布留氏の女性です。当時は、懐妊

第五話　平安〜室町時代の出来事

すると実家で子を産み育て、成人すると父方へ戻り、役人の道をたどりました。ですから、遍照は布留で生まれ、成人すると天皇側近の「頭少将」に出世して、のちに僧侶となる大貴族でした。

　二人はともに宮廷奉仕で昵懇だったのでしょう。だから、こうした洒落た贈答歌ができたのです。ちなみに、二人は一緒に寝たわけではありません。

　遍照の子・素性法師も、僧侶になると石上寺に滞在することが、しばしばありました。歌人・紀貫之や凡河内躬恒らは、素性法師を「石上の法師」と呼んで、親しく付き合っていました。

　898年、第59代宇多天皇と菅原道真らは、京の都から中ツ道を通り、吉野へ向かわれました。奈

107

良の手向山を過ぎるころ、宇多天皇は思い出した
ように「石上に素性が居るはずだ。呼び出して道
案内をさせい」と御意。これを承って、素性は
笠をかぶり、馬に乗って出迎え、鞭をふるって前
駆しました。お迎えした場所は、現在の天理市杉
本町の辺りだと思います。

2.〝布留郷一揆〟

「大化の改新」から始まった公地公民制は次第に
崩れ、8世紀以降、権門社寺（官位が高く権威の
ある家系と有力な神社・寺院）による大土地の私
有が展開していきます。

　当時、政権をにぎっていたのは藤原氏。摂政関
白であった藤原氏の氏神が「春日大社」、氏寺が
「興福寺」でした。そして、この二つが一体化し
た「春日興福寺」が突出した大領主になり、つい
には、ほぼ大和一国の行政権を掌握するようにな
ります。

　また櫟本のように、奈良時代から「東大寺」領
として経営された所もありました。旧丹波市町と
二階堂村に属する諸郷（木堂・川原城・丹波市・
勾田・三島・田部・豊井・豊田・田村・小田中・
荒蒔・井戸田・九条・吉田・備前・長柄・長屋・
庵治・嘉幡・指柳・上総など）は、「宮本郷」（布
留郷とも）と呼ばれ、「布留社」（石上神宮）領で
した。

しかし、宮本郷の各地で崇めていた布留社のご祭神「布都御魂」は、春日大社のご祭神「武甕槌神」の佩剣（腰に付ける刀剣）であったことから、宮本郷もついに春日社の統制下に入れられます。

興福寺は、宮本郷の各地を支配するために、下級僧侶や在地豪族を現地に置き、年貢の徴収や警察行政などに当たらせます。「衆徒国民」と呼ばれた彼らは、武力を持たざるを得ませんでした。

やがて南北朝動乱を経て、衆徒は武士に成長。争い合う、戦国の世へと続きます。

戦乱の世の中で、最も困難な生活を強いられたのは農民です。

1457年、年貢の負担に耐え兼ねた宮本郷の農民たちは〝一揆〟を敢行します。宮本郷の各地で、大規模な争いを繰り広げました。

しかし、領主である衆徒らは、田村・丹波市・川原城に陣を敷いて、村々を焼き払います。4千人の農民たちは、家を捨てて鐘を鳴らしながら、布留社に立てこもります。最終的には農民側が敗退して、一件落着となります。

一揆を起こした農民側の首謀者は、わずか3人。これに対し、使用した具足（鎧）は800人分あったとか。もしも、黒澤明監督の映画「七人の侍」がいたなら、争いの結果はどうなっていたでしょうか。

天理市今昔ものがたり

第六話 江戸時代

近世村落の形成 「天理教」始まる

1．町と村

　江戸幕府が成立(1603年)すると、天理市内の約76カ村は幕府・旗本・藤堂藩・織田藩など、十数家以上の領主が支配します。また、将軍の朱印状によって領有が認められる寺院領の「朱印地」もありました。

　丹波市、川原城、三島などは、伊勢と伊賀(三重県)の大名・藤堂藩の領地でした。同藩は天理市北部の和爾村に代官所を置いて、天理市周辺の領地の監督・徴税に当たらせました。そのほかの村々の多くは、庄屋・年寄などが年貢・夫役(労役)の徴収や、五人組・宗門改めといった村内自

織田尚長（イメージ）

110

治の指導、責任を担いました。

　一方、柳本村周辺は、織田信長の弟、織田有楽斎が所有していましたが、その死後は五男・尚長が1万石の領主となって入部。天理市で唯一の城下町となったのです。

　この柳本藩は明治維新まで続きました。柳本藩主の居館「陣屋」は、現在「橿原神宮」（奈良県橿原市）の境内に移築されています。

　また、長谷街道・高野街道に位置する丹波市、櫟本、二階堂には市場が立ち、商人の住む町（在郷町）となって発展しました。

2．水の生活をめぐって

　農村にとって重要な農業用水は貯水池と河川です。なかでも布留川は、田村、三島、菅田、幾坂、成願寺の各地を通り、多数の川と池に分かれて田畑に給水しました。しかし、旱魃が多い大和では、水争いがしばしば起こりました。

　天理市の川の多くが「天井川」（川床が付近の平野面より高い川）であったことから、大雨が降るたびに川が氾濫し、「備前、吉田は（堤防の）きれ所」といわれ、水害は深刻な問題でした。備前、吉田は天理市西部に当たります。

　こうした問題は、多数の領主が混在する統一のない支配体制が、村人の進取的な動きを阻み、土木技術の未熟さも手伝って、基本的な解決が見ら

111

れないまま、近代社会を迎えるのです。

3．絵師・冷泉為恭

　幕末になると、江戸幕府の衰退や西洋文化の流入、また黒船が来航するなど、世の中が大きく変わる時代になります。

　その一方で、近世社会はいろいろな庶民の文化を生み出し、繁栄しました。

　大和絵の復興を目指した絵師・冷泉為恭は、社寺・大名家に出入りして、諸名画の研究・臨写にも励み、活躍しました。いまでも多くの優品が残っています。

　しかし、権門勢家(官位が高く権威のある家系)に出入りして模写に励む為恭の姿が、佐幕派と映ったのでしょう。勤皇派の武士にねらわれる身となり、内山永久寺の一院にかくまわれます。そ

して、さらに危険を感じ、和歌山県の高野へと向かう途中、天理市永原町(ながはら)の池畔で、長州藩出身とされる4人の浪士に殺害されてしまいます。首のない亡きがらのそばに、斬奸状(ざんかんじょう)が残っていたそうです。

4．天理教

このような動乱する社会のなか、三昧田村(さんまいでん)でお生まれになったのが、教祖・中山みき様(おやさま)です。「我(われ)は元の神・実(じつ)の神である。この屋敷にいんねんあり。このたび、世界一れつをたすけるために天降(あまくだ)つた。みきを神のやしろに貰(もら)い受けたい」

このお言葉は、親神・天理王命(てんりおうのみこと)が、教祖のお口を通して最初に発せられた〝立教のご宣言〟です。このお告げにより、天保(てんぽう)9年(1838年)10月26日、天理教は開かれました。

教祖は多くの人々をたすけ、陽気ぐらしを説き、世界に発展する道を導かれていくのです。

教祖誕生殿（天理市三昧田町）

最終話　近代の歩み

本格化する"宗教都市"づくり

昭和29年「天理市」誕生

天理市今昔ものがたり

1．老農の活躍

　明治21年（1888年）、奈良県は、米の平均反収（たんしゅう）（田畑1反＝約10アール当たりの作物の収穫量）が全国1位になりました。これは昭和初期まで維持されます。この功労者として活躍したのが老農（農事改良の指導者）たちでした。

　その一人が、永原村（ながはら）の中村直三（なかむらなおぞう）です。農業技術や稲の品種改良に取り組み、「明治の三老農」の一人と称されました。東北から九州まで各地から招聘（しょうへい）され、農事改良・指導に奔走。第1・2回内国勧業博覧会（明治10年・14年）に、稲の新品種（321種・742種）を出品したこともあります。

　また、檜垣村の鴻田忠三郎（ひがい）（こうだちゅうぶろう）は、1反につき2斗余りの新麦種を作って上納するなどその活躍が認められ、大阪府の依頼で新潟県勧農場（農学従事者を育成する専門学校）の教官として赴任します。そして明治15年、新潟から帰村し、教祖（おやさま）・中山みき様にお目にかかり入信。任地に戻って間もなく、人だすけの道を通るようになりました。

2．大正普請

　天理教は目覚ましい教勢の伸展を見せます。それとともに、おぢばへの帰参者も増大していきます。それゆえ神殿・教祖殿の普請は焦眉（しょうび）の急でした。こうして始まったのが「大正普請」です。

最終話 近代の歩み

　諸種の準備過程を経て、明治43年、仮神殿の手斧始めが挙行され、大正2年(1913年)には神殿が竣工、翌年には教祖殿が落成しました。

　このころ、丹波市、川原城周辺は〝門前町〟として発展し、交通網も整備されていきます。駅が初めて設置されたのは明治31年のこと。現在の道友社の辺りに国鉄「丹波市駅」が開業し、天理の北と南を結ぶ京終－桜井間の運転が始まりました。

　また、大阪方面からの帰参者の便を図って、大正4年には法隆寺－平端－川原城間を走る軽便鉄道が計画されました。

　この軽便鉄道の計画は大正10年、大阪電気軌道

（現・近畿日本鉄道）へ譲渡され、翌年に平端－天理間が開通。こうして現在のJRと近鉄の路線が、ほぼ完成を見たのです。

　年ごとににぎわいを見せる天理の街には、多くの人々が訪れるようになります。日本民俗学の創始者である柳田國男も、大正5年にやって来ました。『柳田國男全集2』には「元治元年十月二十六日のほほこの時刻に、庄屋敷の勤め場所の棟上げ祝いから、大豆越の山中という家へ赴かんとする途中、この社の前で御神楽勤めをして、神官から狐踊りのような真似をすると咎められた初期の天理教徒は、その永年の忍耐力を積み上げて、とうとう丹波市を一箇の小エルサレムにしてしまった。その大伽藍の新しい屋根の瓦が、もうここから遥かに光って見える」と、往時の様子が記されています。

3．太平洋戦争

　昭和に入り、太平洋戦争が激化すると、この地にも影響が及ぶようになりました。

　陸地測量部の地図では、長柄、柳本の西方に、地割が斜行に走っているところがあります。これは、昭和19年(1944年)に造成された海軍航空隊飛行場の滑走路跡です。このとき市内15カ村の耕地500ヘクタールが接収されました。

　その前年には、天理教郡山大教会の信者詰所が

陸軍病院となりました。これを皮切りに、ほかの詰所も次々と予備練習生（兵）の宿舎として使用されました。天理中学の上級生は工場に、下級生は飛行場の建設に動員されたのです。ちなみに筆者も、その一人でした。

4．天理市の誕生

昭和28年、「町村合併促進法」が施行され、全国各地に新しい「市」が次々と誕生しました。

こうしたなか、丹波市町、二階堂村、朝和村、福住村、柳本町、櫟本町の6カ町村が「町村合併懇談会」を結成。協議を重ねた結果、昭和29年4月1日、人口4万7,668人（当時）の「天理市」が誕生したのです。

宗教名を冠した「市」は日本唯一です。中山正善・二代真柱様は「安寧の地・天理市」の誕生を祝われ、「天理市こそ親里に応わしく、住む者にとつても、帰り集る者にとつても、よろこばしいぢばであり、たのしい天地であつてほしい（中略）天理市こそ、よふきぐらしのひながた都市であつてほしい」（『天理時報』昭和29年4月4日号）と期待を寄せられました。

以後、天理市は60年の歳月を経て、世界に冠たる〝宗教都市〟として発展を遂げていったのです。

さくいん

あ

朝夕のおつとめ……………… 40
行燈山古墳（崇神天皇陵）… 96
「憩の家」…………………… 84
石上氏……………………… 98
生まれ替わり ………… 43, 44
おうた演奏会……………… 88
おさしづ…………………… 45
おさづけ（の理）………… 54
教え………………………… 25
お節会……………………… 59
織田尚長…………………… 111
おぢば帰り………………… 15
おつとめ…………………… 38
小野小町…………………… 106
おふでさき………………… 45
おまもり…………………… 53
親神様………………… 15, 26, 28
親里………………………… 6, 13
親里の1年………………… 57
親里の四季 ………………… 8
おやさとやかた…………… 22
おやさま…………………… 19
教祖存命の理 ………… 30, 33
教祖誕生祭………………… 39, 62
教祖誕生殿………………… 113
教祖略伝…………………… 30
音楽………………………… 88

か

海外へ広がる道…………… 56
回廊………………………… 21
学園都市・天理…………… 74
学生生徒修養会・高校の部 68

学生生徒修養会・大学の部 60
かぐらづとめ……………… 38
かしもの・かりもの ……… 42
上ツ道……………………… 102
神名流し ………………… 51, 60
元旦祭 …………………… 39, 58
かんろだい………………… 15
かんろだいのつとめ……… 39
ＱＲコードについて……… 12
教育・文化………………… 73
教会本部のおつとめ時間… 40
教祖殿……………………… 18
御休息所…………………… 33
九つの鳴物………………… 41
心のほこり………………… 46
こどもおぢばがえり……… 67

さ

災害救援ひのきしん隊…… 49
さづけ …………………… 27, 54
三原典……………………… 45
参拝の作法………………… 17
七支刀……………………… 101
下ツ道……………………… 102
秋季大祭 ………………… 39, 70
十全の守護 ……………… 29, 36
春季大祭 ………………… 39, 58
証拠守り…………………… 53
神殿………………………… 16
真柱………………………… 39
聖地「ぢば」 ………… 6, 14
全教一斉にをいがけデー… 69
全教一斉ひのきしんデー… 64
僧正遍照…………………… 106

祖霊殿……………………… 20

た
大正普請……………………… 114
たすけづとめ………………… 39
ぢば…………………………… 14
中平銘鉄刀…………………… 92
月次祭 ……………………… 39,72
月日のやしろ ……………… 19,31
土持ちひのきしん………… 48
つとめ…………………… 27,32,38
つとめ場所…………………… 31
出直し ………………………… 43,44
てをどり……………………… 38
天理医療大学………………… 79
天理王命 ……………… 15,28
天理外国語学校 ……… 56,83
天理教基礎講座…………… 24
天理教校……………………… 75
天理教校学園高校………… 75
天理教語学院(TLI)……… 79
天理教青年会総会………… 71
天理教婦人会総会………… 63
天理教ホームページ……… 120
天理高校……………………… 77
天理参考館………………… 82
天理市の誕生……………… 117
天理市今昔ものがたり…… 89
天理小学校………………… 76
天理スポーツ……………… 86
天理大学……………………… 78
天理中学校………………… 77
天理図書館………………… 80
天理幼稚園………………… 76
天理よろづ相談所「憩の家」 84
十柱の神名………………… 36

な
中ツ道………………………… 102
中庭…………………………… 20
中南の門屋………………… 32
中村直三……………………… 114
中山みき様 ………… 14,19,30
鳴物…………………………… 41
南右第二棟………………… 24
にをいがけ ………… 50,69

は
春の学生おぢばがえり…… 61
ひながた(の道)………… 19,30
ひのきしん………………… 48,64
卑弥呼………………………… 90
布留郷一揆………………… 108
別席…………………………… 55
ほこり ……………………… 42,46

ま
みかぐらうた ……… 38,45
元の理………………………… 34
物部氏………………………… 98

や
八つのほこり……………… 47
邪馬台国……………………… 90
大和王権……………………… 94
山の辺の道………………… 5
陽気ぐらし………………… 26
ようきづとめ……………… 39
ようぼく ……………… 27,54

ら
礼拝場………………………… 16
冷泉為恭…………………… 112
路傍講演 ……………… 51,60

わ
をびや許し ………… 31,52

天理教ホームページ
http://www.tenrikyo.or.jp/jpn/

「ようこそおかえり」の町　天理

2015年3月26日　初版第1刷発行

編　者　天理教道友社

発行所　天理教道友社
〒632-8686　奈良県天理市三島町271
電話　0743(62)5388
振替　00900-7-10367

印刷所　株式会社 天理時報社
〒632-0083　奈良県天理市稲葉町80

ⒸTenrikyo Doyusha 2015　　　ISBN 978-4-8073-0589-6
定価＝本体600円＋税

おやさとやかた　各棟の使途

真東棟……教義及史料集成部、天理教音楽研究会、天理教校本科
東右第一棟……天理教校専修科
東右第四棟……教会長任命講習会、教会長資格検定講習会
東左第一・二棟……別席場
東左第三棟……別席場、修養科、天理教三日講習会
東左第四棟……別席場、修養科
東左第五棟……修養科
西右第二・三・四棟……天理よろづ相談所「憩の家」
いこい
西右第五棟……信者詰所（南海大教会）
西右第八棟・乾隅棟……天理教校学園高校
西左第三棟……信者詰所（髙知大教会）
西左第四棟……信者詰所（郡山大教会、中河大教会）
西左第五棟……信者詰所（敷島大教会）
真南棟……学校本部、一れつ会、少年会本部、学生担当委員会、学生会
南右第一棟……天理参考館
南右第二棟……天理教基礎講座、研修室、展示コーナー、映像ホール、陽気ホール
南右第三棟……信者詰所（髙安大教会）
南左第一棟……天理教教庁
南左第二棟……天理小学校
南左第三・四棟……天理大学
北左第四棟……信者詰所（嶽東大教会、鹿島大教会）
北左第八棟・乾隅棟……天理教校学園高校